▾ Les Histoires du Père Castor ▾

Qu'elles soient nées dans l'esprit fécond d'un auteur ou venues du fond des âges et de pays lointains, les histoires transmettent une culture, une tradition, elles parlent de nous. Comprendre, accepter les autres, mieux se connaître, se laisser porter par la magie des mots et des images : c'est tout cela que les Histoires du Père Castor offrent.

Depuis 1931, le Père Castor propose de merveilleuses histoires illustrées, et crée les classiques de la littérature pour enfants, d'hier et d'aujourd'hui. Nous perpétuons cette tradition avec les talents d'auteurs de mots et d'images pour le plaisir toujours renouvelé du partage de la lecture…

Blancheline

À Rozenne.
A. D.

Dépôt légal : mai 2019
ISBN : 978-2-0814-8026-1

Imprimé en République Tchèque par PB Tisk – 03-2019
Éditions Flammarion (L.01EJDN001727.N001) – 87, quai Panhard-et-Levassor, 75647 Paris Cedex 13
Loi n° 49-956 du 16 juillet 1949 sur les publications destinées à la jeunesse

Blancheline

Texte et illustrations de Albertine Deletaille

— Non! Je ne veux pas te regarder,
dit Blancheline au gros chien,
ta figure me fait peur.

PÈRE CASTOR

Le chien veut jouer.
Il renverse la caisse,
la petite porte s'ouvre
et Blancheline s'échappe.
— Oh! il va m'attraper!
Comment me sauver ?

Vite elle se glisse, toute menue,
entre les barreaux de la clôture.
Le chien, lui, ne peut pas passer par là,
il est trop gros.

Blancheline court... court et court...
Elle traverse des champs
couverts de neige.

Enfin elle s'arrête et regarde derrière elle.
— Plus de chien ? Comme tout est loin !
C'est si grand que ça, le monde ?
Je peux courir où je veux ?
Et aussi longtemps qu'il me plaît ?

Je suis fatiguée.
C'est la première fois!
Maintenant je me repose...
Comme c'est bon de se reposer!

Arrive un lapin de garenne.
Il s'arrête, étonné.
Un lapin tout blanc ?
Ça existe vraiment ? C'est bien joli.
— Bonjour, petit lapin blanc!

— Bonjour... lapin tout brun.
Moi, je m'appelle BLANCHELINE.
J'ai un peu faim.
Avez-vous des croûtes de pain ?

— Croûtes de pain ?
Quelle drôle de chose !
Moi, je m'appelle BRUN DE GARENNE.
Vous avez faim ? Venez !
Il y a là-bas un chou à peine rongé,
nous allons le partager.

— C’est bon, ça croque, c’est frais!
dit Blancheline.
Seulement, j’ai les pattes mouillées,
et j’ai froid.
Avez-vous de la paille bien sèche
pour me réchauffer?

— Paille bien sèche ? Quelle drôle de chose !
Vous avez froid ? Vous êtes mouillée ?
Mon terrier n'est pas loin.
— Un terrier, c'est quoi ?
— C'est ma maison, il y fait bon.
Venez, nous y serons bien.

Par petits bonds,
Blancheline suit son ami.

— Attention ! Le renard !
Il va nous manger !
crie Brun de Garenne.
Vite, vite, courons au terrier !
— Encore courir ?
Je n'en peux plus !
Est-ce que rien ne va me sauver ?

Blancheline se fait toute petite.
Elle a peur,
elle ferme les yeux.

Le renard s'élance derrière Brun de Garenne
qui court vers son terrier, hop! hop! hop!
Il y entre, il est sauvé!

— Raté! soupire le renard.

Il s'éloigne sans voir Blancheline,
petite boule blanche comme neige,
immobile dans un creux.

Dans son terrier,
Brun de Garenne attend Blancheline.
Pourquoi ne vient-elle pas ?
Il se risque hors de chez lui. Personne!
Le renard l'aura mangée!
Tristement il s'avance en disant tout bas :
« Blancheline... Blancheline... Blancheline... »

Brusquement il sursaute!
Il a posé ses pattes
sur une boule de neige...
chaude! et qui bouge!
et qui ouvre ses yeux rouges
et qui dit :
— Lapin, vous marchez sur mon dos!

— Blancheline! Vous êtes sauvée ?
Le renard, lui aussi
vous a prise pour de la neige!

— Est-il parti vraiment ?
J'ai encore peur.

— Vite, venez chez moi,
nous y serons à l'abri.

— Oh! oui. Je vous suis,
Brun de Garenne,
et je ne vous quitterai plus.

Tant que durent les grands froids,
les deux lapins sortent peu.

Quand reviennent les beaux jours,
qui se promène dans les herbes en fleur ?

Brun de Garenne!
S'il ne bouge pas, on le voit à peine.

Et Blancheline ? Où est-elle donc ?

— Je suis ici, au fond du terrier !
J'ai des petits très doux :
un comme moi... un comme lui,
un comme lui et moi,
et un comme moi et lui.

Vous avez aimé cette histoire ?
Découvrez également...

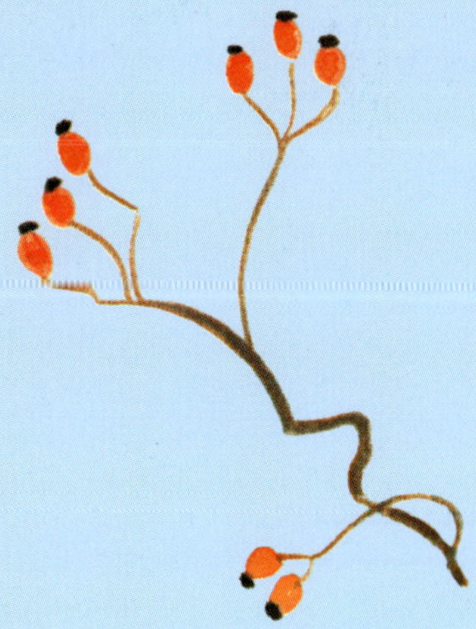

▾ Dans la même collection ▾

n° 4 | Trois petits cochons

n° 7 | Les Bons Amis

n° 8 | La Chèvre et les biquets

n° 20 | Petit chat perdu

n° 63 | Chat lune

n° 135 | Les 4 saisons de Tilouloup

n° 151 | Lou, la brebis

n° 153 | Grand Loup et Petit Loup

n° 155 | 3 petits moutons

Dans la même collection

n° 1 | Roule galette...

n° 2 | Boucle d'or et les trois ours

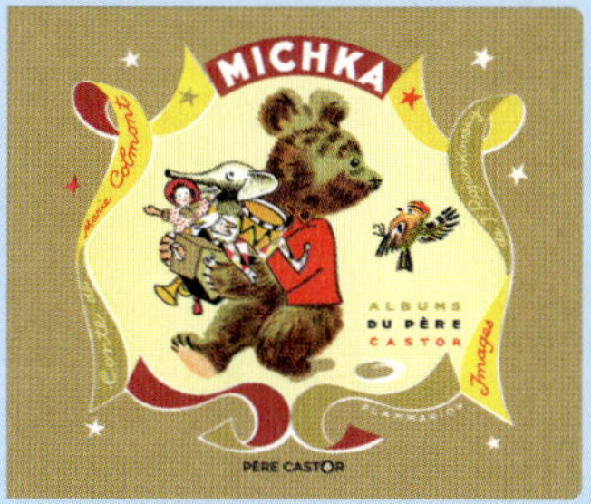

n° 5 | Michka

n° 12 | L'Oiseau de pluie

n° 54 | La Chèvre de Monsieur Seguin

n° 72 | Va-t'en, gros loup méchant !

n° 79 | Bravo Tortue

n° 97 | La Plume du caneton

n° 160 | Le Petit Cheval et le vieux chameau